Die neue Preußische und Allgemeine Deutsche Civil-Prozeß-Ordnung.

Ein Votum

von

A. D. Schnitger,
Königl. Preuß. Kammergerichts-Rathe.

Non ego sum veterum, nec assecla novorum.
Si quid veri invenio, — diligo! —
Seneca.

Berlin, 1861.
Verlag von J. Guttentag.

Die Allerhöchste Cabinets-Ordre vom 25. Februar d. J., abgedruckt im Justiz-Ministerial-Blatte Seite 25, gehört zu den bedeutendsten, folgereichsten und daher allgemein auch freudig begrüßten Regierungs-Akten unseres jetzigen Monarchen.

Sie ist ganz geeignet, eine neue Glorie über unser Vaterland zu verbreiten, nicht allein diesem zum unmittelbaren großen Segen zu gereichen, sondern auch weit über dessen Grenzen hinaus, und nicht bloß in Deutschland, die einflußreichsten moralischen Eroberungen zu machen.

Aber es liegt auch zu Tage, daß dabei Alles auf die möglichst objective, dem allgemeinen und nicht bloß localen Zeitbedürfnisse Rechnung tragende Lösung dieser eben so umfassenden, als schwierigen Aufgabe ankommt.

Und unter guter Vorbedeutung ist dieses Werk der Leitung eines Mannes anvertraut, in welchem ein gediegenes vielseitiges theoretisches Wissen sich mit beweglichem und gestaltendem Sinne und Geiste, wie nicht minder auch mit einer reichen practischen Lebenserfahrung vereiniget und harmonisch durchdringt.

Preußen vor Allen war es, welches auf dem Felde der Legislation der Neuzeit durch sein Landrecht und seine originelle Gerichtsordnung zuerst groß und kühn die Bahn brach. Beide gingen dem französischen Code voran, und auch das österreichische Gesetzbuch, obschon weit früher begonnen, erschien doch erst viele Jahre nachher. Der große König und sein hochsinniger Minister, dessen wahrhaft monumentales Antlitz, wie eines altrömischen Prätors, uns Rauch's Meisterhand auch am Friedrichs-Denkmale verkörpert hat, repräsentirten in dieser eben so nationalen, als genialen Geistes-Schöpfung durchaus den Höhenpunkt ihrer Zeit.

v. Carmer, weit entfernt, bloßer Jurist zu sein, war zugleich ein vielseitig gebildeter und erfahrener, weit ausschauender und umfassender Staatsmann, welchen deshalb auch sein eigener hoher Gebieter den großen Männern des Alterthums beizuzählen nicht Anstand nahm.

(cfr. Friedrich's bei seinen Lebzeiten gedruckte Werke, II. Theil, Berlin 1790, S. 203, in der Abhandlung: „Ueber die Gründe, Gesetze einzuführen, oder abzuschaffen", — worin man auch über das Duell des großen Königs würdige und noch heute practische Ansichten findet.)

Aller Schlachtenruhm verhallet, aber der Lorbeer, gewunden um die Schläfe eines großen Gesetzgebers, treibt unverwelkliche Blüthen und Früchte.

Es war daher auch kein eitler Wahn, wenn der weltstürmende corsische Antäus, welchen man doch nachgerade viel weniger als bloßen egoistischen Selbstzweck zu bezeichnen, wie als großes weltgestaltendes Organ in der leitenden und erziehenden Hand der Vorsehung zu fassen und zu würdigen sich gewöhnen sollte, auf die Urheberschaft seines Code, der die civilisirte Welt in der That erobert hat, größeren und dauernden Werth legte, als auf alle seine errungenen Waffensiege.

Als damaliges Mitglied des Hofgerichts zu Greifswald, schloß ich denn auch schon im Jahre 1847 meine in Nr. 40 und 41 der Juristischen Wochenschrift erschienene Abhandlung:

„Betrachtungen über die neuere Civil-Prozeßgesetzgebung in Preußen, im Vergleiche zu gemeinrechtlichen Zuständen"

mit dem patriotischen Wunsche: daß es nicht abermals ein halbes Menschenalter dauern möge, bis die preiswürdigen Verordnungen vom

1. Juni 1833 und 21 Juli 1846 unter consequenter Festhaltung und Durchführung der darin adoptirten, mit Vernunft, Wissenschaft und Erfahrung übereinstimmenden, und darum auch mit so ungetheiltem Beifall gewürdigten Grundprinzipien sich zu einem harmonischen Ganzen, zu einer vollständigen, musterhaften, von andern Staaten bisher noch vergebens erstrebten, Prozeßordnung aus Einem Gusse gestalten.

Und als bald nachher auch Neu-Vorpommern mit dieser so zweckmäßigen Prozeßform bedacht werden sollte, und der Entwurf dazu im Hofgerichte, welches sich fast einstimmig dafür entschied, zur Berathung gekommen, war ich Verfasser des darüber zu erstattenden Berichts, während das Ober-Appellations- und höchste Gericht unter seinem damaligen Präsidenten Hassenpflug sich für dessen Hessische Prozeß-Novelle aussprach, die dieser auch dem dortigen Rechts-Organismus einzuimpfen trachtete. (cfr. das kurhessische Gesetz von 1834 zur Abstellung der im prozessualischen Verfahren wahrgenommenen Mängel, nebst dessen Begründung; zugleich als Beitrag zu mehreren Lehren des gemeinen Prozesses, insbesondere zu der über die Rechtskraft der Vorbescheide, namentlich der Beweisinterlocute — in Hassenpflug's kleinen Schriften juristischen Inhalts, Leipzig 1845, S. 33.)

In jener idyllischen Zeit war es, wo die Vorrede dieses Verfassers vom 4. Januar 1845 noch die reizende Versicherung enthielt: „daß die Anerkennung der Nothwendigkeit von Ständen niemals in seinem politischen Glaubensbekenntnisse gefehlt habe“; und insbesondere: „daß bei dem Kampfe gegen Anmaßungen der innerste Kern der Gesinnung nicht herauskomme!

Durch die Verordnung vom 31. Juli 1849 wurde aber unser neues Verfahren auch den Rechtsverhältnissen in den Bezirken des Appellationsgerichts zu Greifswald und des Justizsenats zu Ehrenbreitstein angepaßt und dort eingeführt.

Auch die Werke der Gesetzgebung haben, ähnlich andern schweren Naturgeburten, ihre Wehen und Entbindungs-Geschicke. Und es ist nicht verborgen geblieben: daß auch das Preußische Landrecht, dieses damalige Musterwerk deutscher Treue, deutschen Fleißes und deutscher Gründlichkeit, in jener gährungsvollen Zeit, wo verdächtigende, feindselige Einflüsse das Ohr des wohlmeinenden Monarchen umlagerten, noch in der letzten Stunde zu scheitern drohete, wodurch Preußen an seinem Lebensbaume der Intelligenz um eine für seine Rechtsverfassung so heilsame und zeitgemäße Frucht ärmer geblieben wäre. Aber auch Preußens guter Genius siegte auch damals über seine Widersacher!

(cfr. Suarez's Biographie im 81. Hefte der v. K. J. B.)

Und auch unsere neuere Gesetzgebung hatte nicht weniger mit ähnlichen Geburtswehen zu ringen.

Was unsere Allgemeine Gerichtsordnung und ihr Verhältniß zum gemeinen deutschen Prozesse anbetrifft, so knüpfe ich an meinen Aufsatz darüber vom Jahre 1847 hier weiter an.

Die Verordnung vom 1. Juni 1833 über den Mandats-, den summarischen und den Bagatell-Prozeß war es, welche zuerst mit unserer Gerichtsordnung, wenn auch nur noch versuchsweise, doch gründlich brach, und zu der Verhandlungsmaxime des gemeinen Prozesses zurückkehrte.

Und durch die Verordnung vom 14. December 1833 über das Rechtsmittel der Revision und der Nichtigkeitsbeschwerde, in Verbindung mit der Declaration und Instruktion dazu vom 6. und 7. April 1839, wurden auch in unser Prozeßsystem zugleich Elemente des französischen Rechts hineingetragen.

Das Werk der Gerichtsordnung, geboren aus dem philosophischen Geiste und dem hohen Gerechtigkeitssinne des Königs, der sich in der wahrhaft stoischen Auffassung seiner hohen Regentschaft sogar des Purpurs entkleidete, und gezeichnet in der historischen Cabinets-Ordre vom 14. April 1780, war viel zu ideal angelegt für gegebene Zustände.

Und dem Minister Mühler, diesem praktischen Manne von so tüchtiger Willens- und Thatkraft, welcher auch den französischen Prozeß aus eigener Erfahrung kennen gelernt hatte, blieb es vorbehalten, unter höchst schwierigen und widerstrebenden Zeitverhältnissen dem neuen Systeme, von dessen prinzipieller Richtigkeit er tief erfüllt war, die Wege zu bahnen, wenn er auch, aller fortgesetzten eifrigen

Bemühungen ungeachtet, über die erste Grundlage hinaus damals noch nicht vordringen konnte. —

Daß aber später die weiter gehende und fortbauende Verordnung vom 21. Juli 1846 überhaupt zu Stande kam, ist, wie bekannt, vorzüglich des Ministers Uhden unbestreitbares Verdienst. —

Aber auch ein zweiter sehr wesentlicher Factor durfte hinter der Prozeßreform nicht zurückbleiben: die entsprechende anderweitige Organisation unseres Gerichtswesens! —

In dieser Beziehung waren aber die nothwendige Aufhebung der Privatgerichtsbarkeit und des eximirten Gerichtsstandes, gegenüber den in einflußreichen Kreisen festgehaltenen historischen Anschauungen, ein unübersteigliches Hinderniß. —

Schon 1847 habe ich offen ausgesprochen: daß es keinesweges die von v. Savigny in seiner bekannten Schrift vom „Beruf ꝛc." geltend gemachte wissenschaftliche und insbesondere rechtshistorische Unzulänglichkeit war, welche, ungeachtet eines dreißigjährigen Revidirens auf dem Gebiete unserer Gesetzgebung, uns nicht zur Revision kommen ließ, sondern vielmehr die wahrhaften Hindernisse und Schwierigkeiten hauptsächlich der zwischen zäher Beharrlichkeit und fortschreitender Entwickelung getheilten und schwankenden Staats-Politik angehörten!

Ueber jene „graue Theorie" ist denn auch der gesunde praktische Sinn und der Drang des unabweisbaren Zeitbedürfnisses längst zur Tagesordnung übergegangen! —

Thibaut's philosophisch-praktischer Geist hat sich bewährt im Obsiege über v. Savigny und die historische Schule! —*)

*) Die großen Verdienste Hugo's und v. Savigny's um die gegenwärtige Gestaltung der Rechtswissenschaft, in historisch-philologischer Beziehung, sind unschätzbar, wahrhaft epochemachend, und durch Clio's gerechten Griffel unvergänglich verzeichnet. Und als durchaus ebenbürtiger Dritter in diesem classischen Bunde glänzt Puchta, in dessen Meisterwerken, nach Form und Inhalt, das römische Civilrecht seinen höchsten Triumph in der Gegenwart feiert! —

Eine große Einseitigkeit und ein prinzipieller Fehler der sog. historischen Schule und ihres Führers war es aber: das philosophische Element, welches als integrirender Theil jeder Wissenschaft erst ihre höhere Weihe verleihet, als unwesentlich und gegensätzlich auszuschließen!

In vorgedachter Beziehung hatte denn auch die spurlos entschwundene v. Kamptzsche Galvanisirungs-Periode verwitterter Provinzialrechte offenbar einen pikanten politischen Beigeschmack!

Unwillkürlich wird man dabei aber an jenes im Sehergeiste ausgesprochene große Wort des tiefsten Denkers unter den Geschichtschreibern erinnert:

Und schon der classische Ausspruch des großen Römers in Cap. 1 seiner glanzvollen „oratio pro Archia poëta“ hätte den berühmten Rechtshistoriker davor bewahren sollen!

Aber Hugo's sog. Naturrecht, als Philosophie des positiven Rechts, ist nichts weiter, als eine rationelle Kritik des letzteren.

Eine Philosophie des positiven Rechts setzt aber das Naturrecht, oder die Rechtsphilosophie, eben so nothwendig voraus, als das Sehen das Auge.

v. Ancillon wollte diplomatisch, aber unpractisch, vermitteln, was sich gar nicht vermitteln läßt: „die Extreme! — Und noch schwächer ist seine ungewohnte philosophische Excursion: „über Glauben und Wissen“, wo ihm der feste Punkt des Archimedes ganz ausging.

Auch die versuchte politische sog Fusions-Theorie ist, wenigstens bis jetzt, noch eine todtgeborene.

Aber auch auf das Heiligthum der Wissenschaft — auf die Philosophie, fängt diese Methode an sich auszudehnen.

Sie will den Geschichtsbegriff in den Rechtsbegriff aufnehmen, die historische Ansicht des Rechts mit der rationellen vermitteln. Namentlich Dr. H. Ahrens, zuletzt in Gratz, jetzt an Bülau's Stelle in Leipzig, welcher dem philosophischen Systeme von Krause folgt, insbesondere auch in seiner übrigens verdienstvollen juristischen Encyclopädie, auf Grundlage einer ethischen Rechtsphilosophie, Wien 1855.

Das unstreitig bedeutendste neuere Werk in dieser Richtung ist aber das Naturrecht auf dem Grunde der Ethik, von Trendelenburg, Leipzig 1860; dem rühmlich bekannten Verfasser der „logischen Untersuchungen.“ — Die Keime zu diesem Werke waren schon in seinem im Jahre 1849 in der Academie der Wissenschaften gehaltenen Vortrage: „Ueber die sittliche Idee des Rechts“ — enthalten. — Allein das historische und das Rechts-Element, als solche, sind und bleiben zwei spezifische Verschiedenheiten. Und ihre Verbindung ist nicht die Vereinigung zweier Spezialbegriffe unter einen Gattungsbegriff, sondern die incommensurable Vereinigung eines Begriffes mit Thatsachen.

Damit ist aber auch Alles gesagt!

Die Wissenschaft ist Selbstzweck. Und vor allen die Philosophie hat keinen anderen Zweck, als die nothwendigen Consequenzen der Dinge zu ziehen.

„Maneat, quaeso, duretque gentibus, si non amor nostri, at certe odium sui: quando, urgentibus imperii fatis, nihil jam praestare Fortuna magis potest, quam hostium discordiam!“

Taciti Germania cap. 33.

Und leider ist dies ja auch noch in diesem Augenblicke das große National-Unglück der Deutschen, wie denn auch schon vor einem Jahrtausend der Erzbischof Hatto klagen mußte:

„Wer könnte den Dütschen widerstahn,
Wenn sie nur wollten zusammen gahn!“

Und doch rühmt auch unser großer Rechtshistoriker: „daß, was Rom groß gemacht, der rege, lebendige politische Sinn gewesen sei, womit dieses Volk die Formen seiner Verfassung und seines Rechts stets auf solche Weise zu verjüngen bereit war, daß das neue zur Entwickelung des alten diente: dieses richtige Ebenmaaß nicht blos der beharrlichen, sondern auch der fortbewegenden Kräfte!“ —

Leider entsprangen die Verordnungen vom 2. und 3. Januar 1849, welchen wir unsere jetzige Gerichtsverfassung verdanken, den Wogen einer stürmischen Zeit. Im Drange derselben wurden sie, ähnlich der deutschen Bundesakte von 1815, gleichsam aus der Pistole geschossen, nur mit dem kleinen Unterschiede: daß sie doch etwas besser gerathen sind, als diese, welche auch heute noch in Deutschland die gemeinnützigsten neuen organischen Einrichtungen von dem Machtworte auch nur Eines widersprechenden Bundesgliedes, wie Lichtenstein, oder Hessen-Homburg, abhängig macht! —

Sie ist das lebendige Salz, welches Wissenschaft und Leben frisch erhält und vor Fäulniß bewahrt!

Dem vorgedachten Werke von Dr. Ahrens ging ein anderes bedeutendes, eine neue wissenschaftliche Bahn eröffnendes, Werk voran: „Die juristische Encyclopädie, oder organische Darstellung der Rechtswissenschaft, von Dr. Warnkönig“, Erlangen 1853.

Das Ganze ruhet auf einer durchaus philosophischen und historischen Grundlage, wobei dem vielseitigen Verfasser als Vorbild Alexander von Humboldt's Kosmos vorgeschwebt zu haben scheint.

Man vergleiche beide ausgezeichneten Werke mit des berühmten Stephan Pütter's juristischer Encyclopädie und Methodologie, Göttingen 1767, und man erstaune über den Fortschritt!

Man fand es damals für gut, sich vorläufig noch auf das Nothwendigste zu beschränken. Zwar wurde die Zweckmäßigkeit einer übereinstimmenden Gerichtsverfassung im ganzen Staate an sich wohl anerkannt, aber auch wieder auf die Beendigung der endlosen Revision der Gesetzgebung hinausgeschoben: man blieb also wieder auf halbem Wege stehen!

Zwar war im Auftrag des damaligen Justizministers Bornemann aus Dr. Koch's fruchtbarer Feder der Entwurf einer Civil-Prozeßordnung für den preußischen Staat, mit Motiven, Berlin 1848, hervorgegangen: ein bedeutendes, organisch gedachtes und durchgeführtes Werk, welches in 1095 Paragraphen, sowohl innerlich, als äußerlich ein Ganzes bildend, sich mit möglichster Anlehnung an das französische Verfahren zu einer allgemeinen Prozeßordnung erweitern und gestalten sollte. — Allein dieser gallische Sprung blieb unbeliebt! —

So dauerte denn der durch die Verordnungen von 1833 und 1846 in unserem Civilprozeß eingeführte antagonistische Dualismus des Verhandlungsprinzips, neben der Untersuchungsmaxime der Gerichtsordnung, welche für eine Anzahl besonderer Prozesse und auch für die General-Kommissionen maaßgebend blieb (§ 29 und 38 der Verordnung von 1846), bisher unverändert fort; und auch für das neue Verfahren nach jenen beiden Verordnungen mußte, wo diese nicht ausreichten, in vielen Fragen auch wieder auf die alte vielfach durchlöcherte, nun aber vollends ganz unzutreffende, Gerichtsordnung zurückgegangen werden. —

Dem lange allgemein gehegten, dringend empfundenen und vielfach ausgesprochenen Wunsche der Erlösung aus diesem wahrhaft chaotischen Zustande gab namentlich auch Heffter in dem Vorworte zu seinem Handbuche über den preußischen Civilprozeß, Berlin 1856, dieser reifen und gediegenen Frucht seiner Vorträge, in der milden Form Ausdruck:

„Ueber kurz oder lang wird man doch zur Anfertigung einer neuen Gerichtsordnung, trotz aller Scheu vor der sogenannten Codification, schreiten müssen. In der jetzigen Lage der Sache, welche ein Zwiespalt von entgegengesetzten alten und neuen Grundsätzen und Anschauungen ist, kann sie nicht lange Zeit verbleiben. Selbst eine bloße Zusammenstellung des wirklich geltenden und ferner gelten sollenden Rechts im Wege der Gesetzgebung wäre schon verdienstlich, um an Stelle des Wirrwarrs zahlloser Gesetze und Verordnungen eine für Jedermann übersichtbare Richtschnur zu gewinnen, mit Einfachheit und Klarheit, welche der Gerechtigkeitspflege überhaupt, wie dem preußischen Staate im Besonderen, so wohl anstehen würde!"

Und der Allerhöchste Erlaß vom 25. Februar d. J. bahnt nun endlich den Weg zur Erfüllung.

Bei solcher Lage der Dinge kann denn aber auch das Concert der disputatio fori nicht zahlreich und vielseitig genug sein. Und Jeder, der ein Herz hat für seinen Beruf, und sich dazu angetrieben fühlt, mag seinen Beitrag, wie gering er auch sei, nicht schuldig bleiben.

„Denn aus der Kräfte schön vereintem Streben,
Erhebt sich, wirkend, erst das wahre Leben!" —

Wer aber seit einer Reihe von 30 Jahren die Mitgliedschaft von sieben preußischen Obergerichten in verschiedenen Provinzen für sich und zugleich unausgesetzt in der Wissenschaft gelebt hat, ist wenigstens nicht unlegitimirt.

Zur besonderen Veranlassung gereichen mir aber auch noch die beiden Entwürfe über das Rechtsmittel der Nichtigkeitsbeschwerde in Civilsachen, nebst Motiven, pag. 183 u. f. und pag. 437 u. f. des J.-M.-Bl. von 1860, wie nicht minder auch die beiden Schriften: „Die Nichtigkeitsbeschwerde als das alleinige Rechtsmittel höchster Instanz, vom Obertribunalsrathe Dr. Waldeck, Berlin 1861," und: „Ideen zu einer Gerichts- und Prozeßordnung für Deutschland, von J. G. Leue, Leipzig 1861." —

Von einem höheren Standpunkte aus ergeben sich zunächst folgende allgemeine Betrachtungen:

Wie jede Wissenschaft erst durch ein einheitliches System zu einer solchen wird, so bedingt auch die innere organische Verbindung, ihr harmonischer Zusammenhang, die Werke der Gesetzgebung. —

Das große legislative Unternehmen Friedrichs umfaßte alle integrirenden Theile, wie aus Einem Gusse. Man hatte aus vollem Holze gearbeitet, was dem Ganzen sehr zu gute kam!

Glücklicherweise gab es damals noch kein Herrenhaus, zu dessen pathologischer Behandlung dem Könige aber auch die heilsame politische Arzenei nicht gefehlt haben würde!

Zu den gelungensten Zweigen gehörten unstreitig die originelle Hypotheken-Ordnung von 1783, und Abschnitt 7 bis incl. 14 Tit. 8, p. II. des Landrechts, das Handels-, Wechsel- und Seerecht enthaltend. Erstere war epochemachend. Sie hat den Realcredit wahrhaft begründet, indem sie das altdeutsche Institut der gerichtlichen Auslassung für die moderne Rechtsentwickelung zuerst objektiv ausprägte und zur consequenten systematischen Ausführung brachte, wodurch sie Muster und Norm auch für andere Staaten geworden ist. Schon allein durch dies Werk hat v. Carmer seinen Namen verewigt.

Auch jener achte Titel des Landrechts, zu welchem auch die edelsten Geister des Auslandes mitgewirkt hatten, ragte durch Zweckmäßigkeit und reichhaltige Vollständigkeit weit über seine Zeit hervor.

Der Gang, welchen seitdem unsere Gesetzgebung nahm, war indeß großentheils nur unorganisches Stück- und Flickwerk:

„Purpureus, late qui splendeat, unus et alter Assuitur pannus!“ Horat. ars poet. v. 15.

In solcher Weise konnte aber das Naturwüchsige nicht aufkommen.

Die Lage der Verhältnisse und Bedürfnisse in der Gegenwart ist derjenigen sehr ähnlich, als Friedrich und unter ihm von Carmer das große Werk unternahmen.

Aber die Schwierigkeiten sind in unserer vielfach fortgeschrittenen Zeit der Eisenbahnen und Dampfschiffe nur noch viel größer.

In gleicher Art, wie damals, Alles zugleich zu umfassen und zu erschöpfen, übersteigt fast menschliches Vermögen. Doch wird auch die Erhaltung der inneren Einheit, der gegenseitigen Uebereinstimmung und des Zusammenhangs, durch die Specialgesetzgebung nicht befördert. Wir haben zu lange gefeiert.

Möchte nur auch bei dem Allgemeinen deutschen Handelsgesetzbuche, diesem an sich so wünschenswerthen und verdienstlichen Werke, sich dieser Gesichtspunkt weniger fühlbar machen.

Doch, wer das Große will, darf das Kleine nicht achten, und nur dem Muthigen gehört die Welt.

Gleich wie nun die französische Gesetzgebung seit mehr als einem halben Jahrhundert unter den civilisirten Nationen eine 'große beispiellose Verbreitung gefunden, so hat man sie auch bei neuen legislativen Schöpfungen häufig zum Muster genommen.

Es ist dies aber von gewisser Seite als sehr unpatriotisch und schon deshalb als höchst verwerflich getadelt worden, was bei näherer Betrachtung jedoch nur auf einer großen Befangenheit und Einseitigkeit zu beruhen scheint.

Erfahrungsmäßig hat es nun einmal in dem großen Weltenplane der Vorsehung gelegen, in welchen wir Alle ohne Unterschied uns daher wohl fügen werden: den Culturvölkern, nach Maßgabe ihrer ganzen physischen und geistigen Individualität, eine gewisse Mission anzuvertrauen, sie gleichsam dafür zu prädestiniren.

Unter den Völkern des Alterthums war es dem genialen Volke der Griechen vorbehalten, für die classische Darstellung des Kunstideals Muster für alle Zeiten zu werden. Und für das durchaus praktische Volk der Römer gilt dies in Beziehung auf das Staats- und Rechtswesen. Das Letztere darf nur genannt werden.

Aber auch in Betracht des Ersteren war in dem römischen Senate: „diesen grauen Häuptern, Räthen der Könige, oder Königen gleich, benarbten belorbeerten Triumphatoren, Consuln, Dictatoren, mit erhabenem Blick, ungebeugtem Nacken und unerschüttertem Muth, wie ein Rath von Göttern," — eine Fülle von Charakter und Staatsweisheit vereinigt, wie sie niemals wieder dagewesen ist, und wogegen selbst das heutige Parlament der Engländer nur einen schwachen Abglanz bildet.

Man nennt die Franzosen in der Jurisprudenz „die modernen Römer." Und im Ganzen wohl nicht mit Unrecht. Als Häupter ihrer vorzüglichen Juristenschule des sechszehnten Jahrhunderts haben sie ihren Donellus und Cujacius, diesen berühmtesten aller Bearbeiter des römischen Rechts und Stifter der humanistischen Jurisprudenz. Und wenn v. Savigny den neuern französischen Juristen, besonders zur Zeit der Entstehung des Code, auch ihre historischen Exercitien scharf corrigirte, so hat er doch, bei näherer Erwägung, auch in der Vorrede zur zweiten Auflage seines „Berufs" ihnen im Ganzen alle Anerkennung wieder angedeihen lassen.

Auch würde immerhin aus diesem Mangel der „elegantia juris“ doch nur folgen: daß es möglich ist, auch ohne dieselbe tüchtige und practisch brauchbare Gesetze zu machen, was sich dagegen umgekehrt nicht immer behaupten läßt.

Der französische Prozeß, welcher sich längst vor der Revolution und fast lediglich durch den Gerichtsgebrauch ausbildete, und ursprünglich sogar germanisch ist, gilt, wie auch seine große Verbreitung schon bestätigt, als ein durchaus praktisches Meisterstück von Consequenz und Durchführung seiner obersten Principien, bis in die einzelnen Theile, womit auch die Gerichtsorganisation übereinstimmt.

Es ist daher gewiß auch gar kein vernünftiger Grund vorhanden, das bewährte, allgemein Praktische und Verpflanzbare in jenen gerichtlichen Einrichtungen blos deshalb zu verwerfen, weil es französisch, sondern vielmehr Veranlassung genug, es zum eigenen Nutzen und Frommen sich anzueignen, obschon es französisch ist!

Es bestimmte daher auch schon die denkwürdige Cabinetsordre Friedrich Wilhelms des Dritten, „des Gerechten,“ vom 20. Juni 1816, welche die Immediat-Justiz-Commission zu Cöln einsetzte, in Beziehung auf das französische Recht ausdrücklich: „daß das Gute überall, wo es sich finde, anerkannt und beibehalten werden solle!“

Verdanken wir ja auch den besten Theil des allgemein Menschlichen und Gemeingültigen in unserem bestehenden Rechte nur den Römern und ihrer „ratio scripta!“

Die Gabe der Organisation und Formgebung ist bei den Franzosen überwiegend, und der erste Napoleon hat dies bei allen seinen Eroberungen wohl bewiesen. Rühmt doch selbst unser großer Geschichtschreiber Roms: die durch die französischen Einrichtungen dem Kirchenstaate erwiesene große Wohlthat! (cfr. Lebensnachrichten über Niebuhr, Hamburg 1838, Band II. in den Briefen an die Hensler.)

„Der deutsche Mann mag keinen Franzen leiden,
Doch seine Weine trinkt er gern!“

Warum denn nicht auch den Wein seines Geistes, wenn er wirklich die Probe hält?

Dem wohlverstandenen deutschen Patriotismus wird dadurch nicht das Geringste vergeben. Derselbe behält reiche Nahrung in alle dem, wo „auf jener linken Seite die deutsche Treue vergeht"; und besonders gilt dies in allem Moralischen und Politischen.

Ist nun aber das eigenthümlichste Erbe des deutschen Volkes der Denker, — die Philosophie, diese Wissenschaft der Wissenschaften, — und hat einen solchen Heros, wie unseren Königsberger Weltweisen, diesen Napoleon des Gedankens und der Geisterschlachten, keine andere Nation aufzuweisen, dessen unwiderstehliche Kritik alle Wissenschaften in ihren beherrschenden Zauberkreis gezogen, sie neu belebt und befruchtet hat: so dürfen wir um so weniger Anstand nehmen, auch das ausländische Gute uns nutzbar zu machen.

Das durch diesen Geistes-Gesalbten angezündete scharfe Licht leuchtet unauslöschlich fort, und ist die beste Schutzwehr gegen alle Versumpfung und „Umkehr der Wissenschaft."*)

---

*) Wer aus Neigung und Bedürfniß lebenslänglich auch dem beglückenden Studium der Philosophie obgelegen hat, der weiß: daß es dem sterblichen Geiste auch denkend nur vergönnet ist, sich dem Absoluten in endloser Fortschreitung anzunähern.

Daher ließ Kant denn auch seinem großen Werke der Kritik der reinen Vernunft, in welcher er mit rührender Selbstverläugnung diese Grenze zieht (S. 619 l. c.), später die ergänzende Kritik der praktischen Vernunft und der Urtheilskraft nachfolgen.

Und die höchste Aufgabe jeder Philosophie kann es daher auch nur sein:

den Höhenpunkt der Gesammtbildung ihrer Zeit zum Bewußtsein und zur Geltung zu bringen.

Und das ist es, was gerade der Kant'sche Kriticismus so einzig in seiner Art erfüllt hat!

Weder durch den leeren Phantasiesprung einer subjectiven sogenannten „intellectuellen Anschauung", noch auch durch einen „logisch-dialectischen" Veitstanz, versetzt man sich in den Bügel des Absoluten!

Kant, welcher zwar den ganzen Atlas der Philosophie auf seinen starken Schultern trug, aber in Einem nach so langen und rastlos thätigen Menschenleben auch nicht Alles umfassen, ergründen und erschöpfen konnte, protestirte schon sogleich bei ihrem ersten Erscheinen nachdrücklich gegen die ganz abweichende Richtung der Fichteschen Wissenschaftslehre, „welche nichts mehr oder weniger enthalte, als bloße Logik, aus welcher aber ein reales Object herauszuklauben vergebliche und daher auch nie versuchte Mühe sei!" (Bd. 10 S. 565 l. c.)

Einer der gediegensten und intelligentesten deutschen Volksstämme, die Hannoveraner, deren Gerichte und vor allen ihr oberster Gerichtshof von jeher durch wissenschaftliche und practische Tüchtigkeit und Gründlichkeit hervorragten, haben es denn auch nicht für unpatriotisch gehalten, schon bei Abfassung ihrer bereits im Jahre 1847 zu Stande gebrachten bürgerlichen Prozeßordnung das französische Verfahren wenigstens im Allgemeinen, ganz besonders aber bei Redaction ihrer neuen Proceßordnung vom 8. November 1850 sehr wesentlich zu Rathe zu ziehen, und das praktisch Brauchbare aus demselben vielfach in jene aufzunehmen.

Und als ein Act wahrer Staatsweisheit ist es zu betrachten, wenn selbst in noch harmloser Zeit ein so charaktervoller und streng dynastisch gesinnter Monarch, wie König Ernst August, gleichwohl das Patent vom 4. December 1847, und später auch sogar das vom 8. November 1850 vollzog.

Daß durch diese neue einheitliche und allgemeine Prozeßordnung dem Lande, wo das so monströse gemeinrechtliche Wesen mit seinem schrankenlosen Unfuge der Berufungen, den sich vielfach durchkreuzenden Special-Prozeduren nach Unterschied der gerichtlichen Behörden rc. in so hoher Blüthe stand, eine große Wohlthat erwachsen und der Rechtszustand wesentlich verbessert werden mußte, liegt klar zu Tage.

Und wenn eine solche neue Schöpfung auch zugleich in anderen deutschen Staaten die Aufmerksamkeit auf sich zog, so war dies ganz natürlich, da hier ein Gesetz vorlag, welches, wenn auch nur in dem eigenen Lande, doch darauf berechnet war, den Bedürfnissen der Gegenwart überhaupt zu genügen, und zugleich auch ein in sich zusammenhangendes und abgeschlossenes Ganzes darzustellen.

Nur von der harten und schweren, auf den zu sehr vernachlässigten Ausbau der fundamentalen Metaphysik verwendeten Geistesarbeit erwartete Kant das fernere Gedeihen der Philosophie. Und sein großes Problem: „inwiefern synthetische Urtheile a priori möglich seien", ist noch immer ungelöst geblieben.

Die Wissenschaft der Philosophie erwartet aber auch nur von einem zweiten Kant der Zukunft ihre Weiterführung auf der Sonnenbahn des objectiven Fortschritts! — —

Wie sehr nun aber auch diese neueste hannoveranische Prozeßordnung im Ganzen dem Fortschritte der Zeit und den Anforderungen der Gegenwart entspricht: so bin ich doch der Meinung, daß die Grundzüge unseres gegenwärtigen Verfahrens vor derselben beziehungsweise den Vorzug verdienen, und daß es möglich sein wird, unter allgemeiner Festhaltung und consequenter Aus- und Durchbildung unseres Systems, so wie auch unter Benutzung des Guten und Besseren, was jene enthält, eine noch vollkommenere, dieselbe weit übertreffende, Prozeßordnung herzustellen.

Daß schon durch unsere neue Gerichtsorganisation von 1849, selbst in ihrer gegenwärtigen noch unvollkommneren Gestalt, unser Rechtszustand sich sehr wesentlich verbessert hat, ist ein so allgemein anerkannter Erfahrungssatz, daß mit den wenigen einer exclusiven politischen Richtung angehörenden Gegnern derselben sich schon deshalb nicht streiten läßt, weil sie dabei auf rein sachliche Gründe nicht eingehen, und daher auch gar nicht zu widerlegen sind.

Als wesentliche Grundelemente der in Angriff genommenen neuen Civil-Prozeßordnung dürften sich hiernach ergeben:

1. Mündlichkeit, und als Regel auch Oeffentlichkeit des Verfahrens. Hierüber ist nichts weiter zu sagen, weil die Natur der Sache, im Bunde auch mit der Erfahrung, längst allgemein darüber entschieden haben.

   In Beziehung auf Mündlichkeit und Unmittelbarkeit ist die Gegenwart eine allmächtige, durch nichts zu ersetzende Göttin. Und ganz dasselbe gilt auch von der Oeffentlichkeit, dieser alles beleuchtenden, würdigenden und reinigenden Fackel, diesem unschätzbaren Palladium der Wahrheit und des Rechts.
2. Beibehaltung der gemeinrechtlichen Verhandlungs- und Eventualmaxime, mit darauf beruhendem Schriftwechsel.
3. Fernhaltung appellabeler und der Rechtskraft fähiger Vorbescheide, insbesondere der Beweisinterlocute.
4. Die allgemeine Prozeßleitung bleibt in der Hand des Richters.
5. Das Verfahren zerfällt in den Bagatell- und ordentlichen Prozeß, welcher letztere für alle Prozeßarten, die eine reine

prozessualische Behandlung zulassen, insbesondere auch für schleunige Fälle, in abgekürzter Form zur Anwendung kommt.

6. Für solche Rechtssachen, welche aus prozessualischen Handlungen und aus Elementen der freiwilligen Gerichtsbarkeit, oder der Verwaltung zusammengesetzt sind, gelten besondere Vorschriften, doch tritt auch hier das ordentliche Verfahren baldmöglichst wieder ein.
7. Es bestehen nur zwei Instanzen und ein Cassationshof: als ordentliche Berufung gilt also nur die Appellation, keine Revision; anstatt derselben und überhaupt als das alleinige Rechtsmittel höchster Instanz nur die Cassation, oder Nichtigkeitsbeschwerde.
8. Mit Ausnahme des Bagatellprozesses, allgemeiner Anwaltszwang, verbunden mit unentgeldlicher Vertretung armer Parteien.
9. Mitwirkung der Staatsanwaltschaft in gewissen Grenzen.
10. Ausscheidung aller Verwaltungssachen, d. h. derjenigen Geschäftszweige, welche der Rechtspflege als solcher fremd sind; als Führung der Hypothekenbücher, Deposital-Verwaltung 2c.

Es sind die bekannten allgemeinen Anforderungen, in welchen sich die vollkommene Uebereinstimmung des bei weitem größten Theiles auch der preußischen Juristenwelt schon längst und seit Jahren vereiniget hat.

Als wesentlicher Theil des inneren Prozeßorganismus erfordern insbesondere der zweite, dritte und siebente Punkt eine eingehendere Erwägung.

1. Mündlichkeit und Oeffentlichkeit im Civilprozesse lassen sich in sofern auf ganz verschiedenen Grundlagen zur Geltung bringen:

als einmal die Schrift nur den Zweck haben kann, die mündliche Verhandlung im Allgemeinen blos **vorzubereiten**, so daß die Richter, auch ganz abgesehen von den unter den Parteien vorher gewechselten Schriftsätzen nur auf den Grund der in der **mündlichen** Verhandlung ihnen vorgelegten oder vorgetragenen thatsächlichen und rechtlichen Entwickelungen ihr Urtheil fällen;

oder so:

daß vielmehr umgekehrt die Schrift den wesentlichen Inhalt des Rechtsstreits feststellen, und die mündliche Verhandlung nur den Zweck haben soll, den schriftlich festgestellten Inhalt vor den Richtern zu wiederholen, zu erörtern und zu begründen.

Im ersten Falle liegt der Schwerpunkt in den mündlichen Verhandlungen selbst, im zweiten dagegen in den vorangegangenen Schriften, aus welchen das Sachverhältniß zusammen zu stellen und dem versammelten Richter-Collegium vom Referenten vorzutragen ist, worauf die Parteien den Vortrag in thatsächlicher Beziehung nur aus jenen Schriften ergänzen, oder berichtigen, und nur solche Repliken oder Dupliken vorbringen können, welche durch den Schriftwechsel noch nicht ausgeschlossen sind.

Das Erstere bildete nach §. 92—102 die Grundlage der hannöverschen Prozeßordnung, welche hierin dem Code folgt.

Das zweite System, gestützt auf die Eventualmaxime, liegt unseren Verordnungen vom 1. Juni 1833 und 21. Juli 1846 zum Grunde, womit auch Feuerbach's Ansicht über die Art, wie Schriftlichkeit und Mündlichkeit zu verbinden sei, ganz übereinstimmt.

Ich nehme keinen Anstand ganz entschieden für das Letztere den Vorzug zu beanspruchen! —

Die bedeutungslosen schriftlichen Vorverhandlungen vor den Collegialgerichten in französischen, wie auch im hannöverschen Prozesse, lassen denselben im Grunde auf reiner Mündlichkeit beruhen.

Und schon Feuerbach bemerkt daher auch in seinen Betrachtungen über die Oeffentlichkeit und Mündlichkeit der Gerechtigkeitspflege, Gießen 1821 S. 316: „Auffallen muß es, wenn die französische Jurisprudenz erlaubt, von den Anträgen der Vorverhandlungen abzuweichen, weil es unter solcher Voraussetzung nicht wohl begreiflich ist, wozu die Verhandlungen dienen sollen, wenn sie nicht als Grundlage dieses Processes unverändert bleiben!"

(cfr. besonders Band II. S. 160. u. f. Man vergleiche auch

die gehaltvolle Schrift des zu früh verstorbenen Dr. Geib: Die Reform des deuschen Rechtslebens. Leipzig 1848 S. 72 u. f.)

Welche Uebelstände dies aber für die Gegenpartei mit sich bringen muß, wenn das im schriftlichen Vorverfahren Gesagte und Eingeräumte in der Audienz wieder abgeändert, ergänzt und auch thatsächlich Neues vorgebracht werden kann; und wie schwierig und noch viel mehr zeitraubend es für das Richtercollegium und seinen Vorsitzenden selbst ist, sich des ganzen, hier zuerst vollständig entwickelten factischen und rechtlichen Streitmaterials zu bemächtigen, und dasselbe festzustellen, bedarf keiner Ausführung.

Vertagung des Urtheilsspruchs, neue Audienzen und schriftliche Nachverhandlungen (die förmliche instruction par écrit nach Art. 95 der franz. P.-O.) werden nur zu oft die nothwendige Folge sein.

Im Civilproceß muß ein Richter-Collegium erkennen, aber nicht instruiren! — Ein Fehler, der auch nach §. 27 der Verordnung vom 27. Juli 1846 bei der Verhandlung des Rechtsmittels der Appellation in schleunigen Sachen in der zweiten Instanz sich täglich fühlbar gemacht hat.

Und welche merkwürdige Schilderung denn auch die Gazette des tribunaux vom 31. Januar 1829 von dem Prozeßgange bei den Gerichtshöfen in Paris machte, ist in Dr. v. Holzschuher's Werke: Der Rechtsweg &c., Nürnberg 1831, S. 314, näher nachzulesen.

Gleichwie nun der Glanzpunkt unserer Gerichtsordnung ihr vortrefflicher status causae et controversiae war, so gilt dasselbe in noch höherem Grade von der Eventualmaxime des gemeinen Prozesses.

Seit ihrem Geburtsbriefe, dem jüngsten Reichsabschiede von 1654, bereits länger als zwei Jahrhunderte, hat dieselbe nicht blos als ein ganz vorzügliches Mittel zur Abkürzung der Prozesse und zur Zügelung der Chicane sich bewährt, sondern sie hat zugleich auch der ganzen Prozeßform eine solche feste und sichere Haltung gegeben, daß Preußen daher auch nur aus überwiegend praktischen Gründen zu ihr zurückgekehrt ist.

Denn auf dem Gebiete der Gesetzgebung hat weder das Ausländische auf Aufnahme, noch das Hergebrachte auf Erhaltung Anspruch, wenn und in so weit es sich nicht als durchaus rationell und vor allen zugleich als praktisch brauchbar ausgewiesen. —

Da nun aber auch das sogenannte, nur durch die nothwendige Unabänderlichkeit des Klagegrundes beschränkte, beneficium novorum in zweiter Instanz der Wahrung des materiellen Rechts vollen Raum gewährt, so dürfte die Beibehaltung des Eventual-Prinzips im Sinne unserer Verordnungen sich sehr empfehlen.

2) Wegen des dritten Punktes, betreffend die Appellabilität und Rechtskraft der Vorbescheide, insbesondere der Beweisinterlocute, bemerke ich Folgendes:

Die Formel des römischen Prätors im alten vorübergehenden Formularprozesse, welcher der Charakter der Unabänderlichkeit beiwohnte, und wogegen nach Gaj. IV. 57 und 125 nur Restitution zulässig war, ist von dem deutschen Beweisinterlocute wesentlich verschieden, und hat nur äußere Aehnlichkeit mit demselben, worauf hier nichts ankommt.

Der römische Prozeß kennt kein abgesondertes Beweisverfahren, überhaupt nur Ein Urtheil am Ende des Prozesses, und das Beweisinterlocut ist ein rein deutsches Product. —

Seine rechtliche Bedeutung im Systeme des gemeinen Processes ist von jeher sehr streitig gewesen. Wenn man dasselbe auch als ein Urtheil ansah und Rechtsmittel dagegen zuließ, so blieb doch vorzüglich die Frage controvers: ob der am Schlusse der Beweisinstanz erkennende Richter unbedingt an den Inhalt des Beweisurtheils gebunden sei, oder ob er noch jetzt seiner eigenen Ansicht über den Beweissatz folgen könne. —

Planck in seiner vortrefflichen Monographie: Die Lehre vom Beweisurtheil, Göttingen 1848, führt sehr gründlich und schlagend die tief im Wesen desselben beruhende erstere Alternative aus, während Andere, und namentlich Heffter in seinem Systeme des römischen und deutschen Civil-Prozeßrechts, Bonn 1843, § 398, die Rechtskraft nur auf die Beweislast bezogen wissen wollen: obgleich doch Beweissatz und Beweislast innerlichst zusammenhangen und eine blos auf die letztere beschränkte Rechtskraft wegen Zeit- und Geld-

Verlust sich jedenfalls als höchst unwesentlich und unpraktisch erweisen müßte. —

Der französische Prozeß läßt gegen ein vorbereitendes Urtheil (jugement préparatoire) die Appellation nur in Verbindung mit der gegen das Endurtheil zu.

Dagegen kann von einem Beweisinterlocute (jugement interlocutoire) auch vor Erlassung des Endurtheils appellirt werden. Art. 31 und 451 der Civil-Prozeßordnung.

Ueber die Wirkung der Beweisinterlocute und deren Umfang enthält dieselbe keine Bestimmung. Nach der Praxis der rheinländischen Gerichte wird aber ein wesentlicher Unterschied gemacht zwischen demjenigen Theile des Erkenntnisses, wodurch das eigentliche Beweisthema festgesetzt wird, und jenem, welcher über die Last des Beweises entscheidet. Diesen letzteren Theil des Erkenntnisses betrachtet man als ein wirkliches Endurtheil über einen Incidentpunkt, gegen welchen nothwendig appellirt werden muß, wenn derselbe nicht in Rechtskraft übergehen soll, wogegen in Beziehung auf den Beweissatz der Richter bei Abfassung des Endurtheils an den erlassenen Vorbescheid niemals gebunden ist, also eine schwierige und kostspielige Beweisaufnahme zuletzt doch ganz nutz- und zwecklos sein kann.

In der That eine sehr merkwürdige Zwitternatur dieses französischen Beweisurtheils!

(cfr. über die Rechtskraft der interlocutorischen Urtheile und über die Rechtsmittel gegen dieselben, besonders nach französischem Rechte, vom General-Procurator Biergans in v. Kamptz Jahrbüchern Heft 124, S. 427.)

Und dies scheint denn auch der Erfahrungs-Standpunkt Heffter's zu sein, welcher aber als gemeinrechtliche Doctrin nicht anerkannt werden kann.

Die hannoverische Prozeß-Ordnung von 1847 behielt zwar in Sachen des regelmäßigen Verfahrens die der Rechtskraft fähigen Beweisinterlocute noch bei, ließ dagegen im abgekürzten oder Bagatellverfahren gegen Beweisinterlocute Beschwerden nur in Verbindung mit dem Rechtsmittel zu, welches gegen das über das Ergebniß des

Beweisverfahrens selbst entscheidende und beschwerende Erkenntniß zu verfolgen war, §. 111, 112 und 222.

Insbesondere wurde aber auch zur Beseitigung gemeinrechtlicher Controversen im §. 111 verordnet:

daß bei einer jeden Beweisauflage die Wirkung des Beweissatzes auf die endliche Entscheidung so bestimmt, wie die Lage der Sache es gestatte, auszusprechen, widrigen Falls das Erkenntniß als ein unvollkommenes und zu ergänzendes gelte.

Die neue Prozeßordnung von 1850 hat wesentlich abweichende Bestimmungen. Sie verlangt ebenfalls Festsetzung des Beweissatzes und der Beweislast im Beweisinterlocute, läßt aber das Gericht, welches es erlassen hat, daran gebunden sein, unterwirft dasselbe zwar der Berufung, welche jedoch nur als vorbehaltene in Verbindung mit der gegen das Endurtheil Platz greift, §. 215—218.

Hierdurch ist wieder nur ein Mittelding zwischen Beweisdecret und Beweisurtheil geschaffen, und auch nur formell der Charakter des letzteren festgehalten.

Die reine Metamorphose, wozu schon die in Ostfriesland mit unserer Gerichtsordnung gemachte lange Erfahrung hätte bestimmen sollen, ist nicht vollzogen.

Der gemeine Prozeß war durch die endlose Appellabilität der Interlocute, das mühselige Abtreiben der Streitfragen, wie eines Bandwurms ꝛc. ꝛc., Selbstzweck geworden!

Friedrichs durchdringender Geist erlösete durch die historische Cabinetsordre, wie mit einem Zauberschlage, Preußen von diesem Uebel, und vor allen durch das Beweisinterlocut, als bloßes prozeßleitendes Decret, feiert derselbe noch täglich den schönsten Triumph.

Als die Seele unseres Beweis-Verfahrens regelt dasselbe Beweissatz und Beweismittel, und damit wenigstens implicite auch die Beweislast, und das Gericht hat es in der Hand, auch in den thatsächlich und rechtlich verwickeltsten und schwierigsten Rechtsfällen nicht allein nach bester Einsicht überall materielles Recht, sondern dasselbe auch zugleich in kürzester Frist herzustellen.

Wie einerseits auch das reichste Beweismaterial wieder in zweckmäßiger, am nächsten zum Ziele der Beweisfrage führender, Auswahl und Benutzung seine Begrenzung findet, so ist es andererseits offenbar als ein objectiver Gewinn zu betrachten, daß das Gericht nicht absolut an sein Interlocut gebunden bleibt.

Dasselbe kann vielmehr nicht allein die beantragte Aufnahme neuer Beweise, welche sich erst aus dem aufgenommenen Beweise als vorhanden ergeben haben, verfügen; sondern, wenn sich die Lage der Sache in rechtlicher Beziehung noch in der Beweisinstanz geändert und zu einer andern und bessern rechtlichen Ueberzeugung geführt haben sollte, derselben auch durch mündliche Verhandlung und ein neues Beweisresolut noch Geltung verschaffen.

(§. 30 und 35 der Verordnung vom 1. Juni 1833 und §. 38 der Instruction vom 24. Juli ejd. a.)

Wie die Verordnung vom 21. Juli 1849 für Greifswald und Ehrenbreitstein in §. 29 und folgenden schon eine bessere Formulirung dieser Bestimmungen enthält, so bleibt eine vollkommen angemessene, genaue und erschöpfende Ausprägung der neuen Prozeßordnung im organischen Zusammenhange vorbehalten.

Jedenfalls wäre es aber im Interesse des Rechts und der Gerechtigkeit sehr zu beklagen, wenn dieses, unser Beweisverfahren beherrschende, der hannoverischen Prozeßordnung entschieden vorzuziehende Grundprincip nicht in seiner ganzen Reinheit erhalten werden sollte.

Die braunschweigische Civilprozeß-Ordnung vom 19. März 1850 hat das Beweisinterlocut als ein der sofortigen Berufung und der Rechtskraft unterliegendes Erkenntniß nach §. 97 u. f. und §. 125 u. f. beibehalten.

Und ebenso auch die oldenburgische Prozeßordnung vom 2. November 1857, mit sofortiger oder vorbehaltener Appellation; der ersteren gegen Beweisinterlocute der Obergerichte, nach §. 239 und 240 ibid.

Und auch Planck hat in seinen Vorschlägen zur Prozeßreform wegen des Beweisurtheils sich über das gemeinrechtliche Princip nicht zu erheben vermocht, §. 44 l. c.

Für den aber, welcher beide Systeme an der Quelle und an ihren Früchten practisch zu erproben den Beruf gehabt hat, ist und bleibt jenes Beweisurtheil ein vollkommen überwundener Standpunkt.

3) In Beziehung auf Instanzenzug und Rechtsmittel bin ich entschieden gegen alle Revision.

Sieht man auf den historischen Hergang, so kannte das römische Recht als ordentliches Rechtsmittel zur Anfechtung einer förmlich gültigen, ihrem Inhalte nach beschwerenden Entscheidung nur die Appellation. Auch ist die Revision, oder sogenannte Oberappellation nicht gemeinrechtlich, sondern nur deutschen Particularrechten angehörig.

(cfr. Bethmann-Hollweg's Handbuch des Civilprozesses §. 33, und Linde, Handbuch des gemeinen Prozesses, Bd. 5, §. 225.)

Das französische Recht hat ebenfalls, wie das römische, nur ein ordentliches Rechtsmittel, die Appellation, welches gegen das nämliche Urtheil nur Einmal ergriffen werden kann, also auch nur zwei Instanzen, und als außerordentliches Rechtsmittel den Cassationsrecurs.

Die Revision in Tit. 15, P. I. der Gerichtsordnung soll zwar nach §. 10 ibid. nur ohne neue Thatsachen oder Beweismittel stattfinden, jedoch wieder mit der Hinterthür der in §. 11 — 21 zugelassenen Modificationen.

Durch die Verordnung vom 14. December 1833 ist in §. 1—3 der enge Kreis der Revision beschrieben, und ihr in §. 4 und folgenden, dem französischen Cassationsrecurse analog, die Nichtigkeitsbeschwerde zur Seite gestellt.

Beide unterscheiden sich im Ganzen wesentlich dadurch: daß die Revision die ganze Sache, also Factum und Recht, die Nichtigkeitsbeschwerde dagegen in der Regel nur den Rechtspunkt, die Anwendung und Auslegung der materiellen und Prozeßgesetze, der höheren Entscheidung unterstellt.

Die obige Verordnung leidet aber an einem inneren Dualismus!

Die Beschränkung der Revision auf jene wenigen Fälle ist prinziplos. Das Ganze gewährt das Bild eines unterbrochenen Kampfes und nur vorläufigen Compromisses zwischen beiden Systemen. Ein sehr unerquicklicher Rechtszustand, welcher schon längst um so mehr hätte zum Austrage gebracht werden sollen, da jene

Verordnung, so weit sie die Nichtigkeitsbeschwerde betrifft, allerdings noch vieles zu wünschen übrig läßt.

Und dies war denn auch der an sich gewiß eben so practische, als löbliche Zweck der obengedachten beiden Gesetzentwürfe.

Beide Rechtsmittel können in solcher Art nicht neben einander fortbestehen!

Die Frage aber, welches von beiden dem andern wird weichen müssen, kann wohl gar nicht zweifelhaft sein!

Die alte Revision in der Gerichtsordnung hat mit dieser selbst, dem ganzen eingeschlagenen neuen Prozeßsysteme gegenüber, ihren Boden verloren.

Für die Generalisirung der Nichtigkeitsbeschwerde und die Erhebung derselben zum alleinigen Rechtsmittel höchster Instanz sprechen meines Erachtens aber auch vornehmlich folgende Gründe:

1) Daß drei Instanzen zur Herstellung des Rechts nicht absolut nothwendig sind, wird schon durch den Hinweis auf das Criminalrecht, welches ja die höchsten irdischen Güter, Leib und Leben zum Gegenstande hat, unwiderleglich erhärtet. Hat man hier von jeher zwei Instanzen für ausreichend gehalten, so wird dies nur um so mehr auch in Civilsachen sein können und müssen.

2) Im alten römischen, wie im alten deutschen Rechte, war die Appellation unbekannt. Erst mit der vermehrten Beimischung des schriftlichen Elements wurde sie in jenes eingeführt.

Das Prinzip der Mündlichkeit und Unmittelbarkeit, je reiner dies festgehalten wird, widerstrebt schon an und für sich der Appellation, macht sie unnöthig und ersetzt dieselbe, um so mehr aber jeden Falls die Revision.

Daß eine Einmalige Berufung gegen einen Richterspruch und dessen nochmalige Prüfung stattfinde, entspricht einem natürlichen Gesetze. Jede weitere ist aber rein willkürlich und verliert sich in eine Schraube ohne Ende.

3) Die heutige Appellation ist aber auch ganz geeignet, eine viel größere innere Garantie zu gewähren, als dies bei der früheren Revision der Fall war.

Die Gerichtsordnung entstand zu einer Zeit, wo die Bauern bei ihrem Patrimonialrichter oder Justizamtmann, und die Bürger bei ihrem Stadtrichter oder Justiz-Bürgermeister, also der Mehrzahl nach vor einzeln stehenden Richtern, Recht nehmen mußten.

Der breite patriarchalische juridische Lehrton der Gerichtsordnung bezeichnet insbesondere den damals vorwaltenden Standpunkt und lenkt zugleich den Blick seitwärts auf die ähnliche pädagogische Zeiterscheinung der berühmten Schul-Regulative, deren classisches Charakterbild noch immer in der Zeitgeschichte schwankt!

Der ganze gegenwärtige Stand unserer Unterrichter ist aber in Folge Mühler's verdienstvoller Selbstständigkeit, wobei ihn in Generalisirung der dritten Prüfung der §. 32, Tit. 4, p. III. der Gerichtsordnung freilich wenig beirrte, durch höhere wissenschaftliche Ausbildung und allgemeinere praktische Tüchtigkeit ein bei weitem anderer und im Ganzen gewiß sehr achtbarer geworden.

Der juridische Schwerpunkt, welcher damals in der zweiten Instanz lag, ist damit aber gegenwärtig um so mehr in die erste verlegt, als auch hier, mit Ausnahme des Bagatell-Verfahrens, eine Mehrheit von Richtern jede Streitsache gemeinschaftlich, mit vereinigten geistigen Kräften, und zugleich unter Begünstigung der Mündlichkeit und Unmittelbarkeit näher prüft und läutert. —

Unter Hinzunahme auch der Nichtigkeitsbeschwerde, kann man daher wohl sagen, daß die Rechtssicherheit sich jetzt gegen früher nur noch wesentlich verbessert hat.

4) Erwägt man, daß die gesammte Function des erkennenden Richters sich in den drei Hauptthätigkeiten zusammenfaßt:

a. die formalen, wesentlichen Prozedurvorschriften zu würdigen;
b. den materiellen Inhalt der Partei-Erklärungen und der Beweise aufzufassen und festzustellen; und
c. die Gesetze auf den concreten Fall anzuwenden;

so wird die Frage, ob und in wiefern es auch noch eine dritte Instanz mit vollständiger Revision, oder anstatt derselben nur noch einen Cassationsrecurs, oder Nichtigkeitsbeschwerde geben soll, vorzüglich davon abhangen: ob es sich als nothwendig darstellt, auch bei einer dritten Prüfung das zweite Glied, nämlich das Gebiet der

Thatsachen, noch möglichst umfangreich in diesen Kreis mit aufzunehmen.

Und erwägt man ferner: daß nur der erste und dritte Punkt ein allgemeines Interesse haben, und daß vor allen die Grundsätze des materiellen Rechts von der größten Wichtigkeit für das Gemeinwohl sind, so ist der wahre und eigentliche Beruf des höchsten Gerichtshofes in seinem Centralpunkte der Einheit für Prozedur und Gesetzanwendung, also in zweifelloser Ausscheidung des zweiten Punktes der faktischen Elemente, gegeben und enthalten.

Er soll, wie ein höherer verklärender Genius, über dem trüben Gewässer schweben, und entkleidet von dem Ballaste der Thatsachen, vielmehr tiefer in den inneren Geist der Gesetze und des Rechts eindringen und, ähnlich der classischen römischen Prätur, sich zu einer wahren viva vox juris civilis erheben! —

Dies ist der hohe und ehrwürdige Beruf des französischen Cassationshofes! —

So hat im Wesentlichen auch die Immediat-Justiz-Commission zu Cöln im Jahre 1818 die Sache angesehen, und unter ihnen die berühmten Namen: Sethe und Simon, Männer, welche durch Wissenschaft und practische Tüchtigkeit, wie durch Gediegenheit des Characters, zu den schönsten Zierden des preußischen Richterstandes von echtem Schrot und Korn gehören.

Vor allen war es Sethe, der in seinem alten Deutsch- und Preußenthum von dem neuen französischen Gerichtswesen Anfangs gar nichts wissen wollte. — Aber bei näherer Prüfung und Ueberzeugung wurde aus einem Saulus — ein Paulus! —

(cfr. Gutachten der Immediat-Justiz-Commission über das öffentliche Verfahren in Civilsachen, Berlin 1818, in den „Resultaten" pag. 15.)

Ihnen folgt auch der ausgezeichnete Gesetzrevisor, Geheimerath Reinhardt, in der zweiten Abtheilung des Entwurfs der Prozeßordnung mit den Motiven, Berlin 1832, S. 34 u. f.

Und auf ihnen allen, wie auf dem Wesen der Sache selbst, beruhet wieder die wissenschaftlich und praktisch gleich gediegene und werthvolle Abhandlung Waldeck's, mit welcher ich, von Einzelnheiten abgesehen, in den Grundzügen ganz übereinstimme. —

5) Die Ausschließung des Gebietes der Thatsachen hat aber auch noch einen guten inneren Grund. —

Alles Factische ist ein mannigfaltiges, individuelles, und somit einer durchgreifenden Regel widerstrebendes. —

„Schon mit jedem Regengusse ändert sich dein feuchtes Thal,
Ach und in demselben Flusse schwimmst du nicht zum zweiten Mal!"

Die Würdigung des Rechtspunktes aber ist eine logisch-demonstrative Verstandesoperation. Die Auffassung und Feststellung alles Thatsächlichen dagegen, wie die Auslegung schriftlicher und mündlicher Partei-Erklärungen, der Aussagen von Zeugen, Gutachten der Sachverständigen ꝛc. ist vielmehr subjectiv, schwankend, und rein arbiträr, wie die tägliche Erfahrung lehrt. —

Und schon Neratius giebt diesem Gegensatze in Bd. 2. D. de juris et facti ignor, 22. 6 — Ausdruck: „In omni parte error in jure non eodem loco, quo facti ignorantia haberi debebit, quum jus finitum et possit esse, et debeat: facti interpretatio plerumque etiam prudentissimos fallat!" —

Daher hielt auch die mehrgedachte Immediat-Justiz-Commission in ihrem Gutachten den Grundsatz fest: daß das Sachverhältniß von den Richtern der ersten Instanzen, welche den Parteien und dem streitigen Objecte näher stehen, am besten constatirt werden könne; daß jene Instanzen dazu hinreichend wären, und daß zur Beurtheitheilung factischer Verhältnisse höhere Rechtskenntnisse nicht erfordert würden. —

Ist nun aber auch der oberste Richter schon im Rechtspunkte nicht unfehlbar, so gilt dies nur noch um so mehr von dem Gebiete der Thatfragen. —

Neque enim, utique melius pronuntiat, qui novissime sententiam laturus est — sagt der classische Ulpian in L. 1. pr. D. de appelat. 49. 1. —

Und auch schon der alte römische Formular-Prozeß mit seiner Eintheilung in jus und judicium hatte diese Unterscheidung der Rechts- und Thatfrage zu seiner Grundlage. —

Wie sach- und zeitgemäß daher der Entwurf jenes Gesetzes an und für sich war, geht auch schon daraus hervor, daß für die Aufhebung der Revision sich in der Mehrzahl 11 Obergerichte und 66 Gerichte erster Instanz erklärt haben. —

Und die kleinere Zahl solcher Gerichte, welche die Nichtigkeitsbeschwerde in Verbindung mit der Prozeßordnung revidirt sehen möchten, sind gar keine Gegner derselben. —

Diejenigen aber, welche in dem Entwurfe nur eine Nachahmung französischer Einrichtungen erblicken, mögen insbesondere auch noch daran erinnert werden: daß doch auch unsere Gerichtsordnung selbst, in ihrer ganzen Anlage und in ihrem Grundprinzipe, ein sehr unhistorisches Gesetz war, eine wahre „proles sine matre creata!" — und daß auch das vor allen historische Oesterreich sein deutsches Civilgesetzbuch vor 10 Jahren in Ungarn und in Italien eingeführt hat!

Die eben so interessante, als schwierige Frage der Substantiirung der Nichtigkeitsbeschwerde geht in ihrer näheren Erörterung über den enger gezogenen Kreis dieser Blätter, wie auch über meine sehr beschränkte Zeit, weit hinaus. —

Unbemerkt darf jedoch nicht bleiben, daß zur Bewährung des Satzes: incidit in Scyllam, qui vult vitare Charybdim, auch der Entwurf, bei seinem vorgesetzten Zwecke der Beseitigung des die Wirksamkeit der Nichtigkeitsbeschwerde gefährdenden Formalismus, gegründete Bedenken, auch hierin wieder zu weit zu gehen, nicht ausgeschlossen hat. —

Wie nun einerseits der §. 11. des revidirten Entwurfs in dieser Beziehung gegen die allerdings zu unbestimmte Fassung des ersten schon eine wesentliche Verbesserung enthält: so ist andererseits jetzt die zuversichtliche Erwartung begründet, daß auch die Nichtigkeitsbeschwerde der neuen Prozeßordnung, in ihrem ganzen organischen Zusammenhange, eine möglichst objective und befriedigende Gestaltung gewinnen werde, wozu diese Entwürfe und auch Waldeck's tüchtige Arbeit ein sehr schätzbares Material darbieten. —

Die Gesetzgebung von Hannover, Braunschweig und Oldenburg haben bereits kein anderes letztes Rechtsmittel, als die Nichtigkeitsbeschwerde.

Mit wahrer Genugthuung ist hier aber auch noch besonders hervorzuheben, daß schon unsere Verordnung vom 14. December 1833 einen sehr wesentlichen Vorzug vor der hannover'schen Prozeßordnung enthält.

Der §. 4. Nr. 1. der ersteren läßt nämlich die Nichtigkeitsbeschwerde auch alsdann zu:

> wenn das angefochtene Urtheil einen Rechtsgrundsatz verletzt, er möge auf einer ausdrücklichen Vorschrift des Gesetzes beruhen, oder aus dem Sinne und Zusammenhange der Gesetze hervorgehen; oder, wenn dasselbe einen solchen Grundsatz, in Fällen, wofür er nicht bestimmt ist, in Anwendung bringt, — wogegen die hannöver'sche Prozeßordnung das materielle Recht ganz unberücksichtigt läßt. cfr. §. 431 ibid. —

Die oldenburgische Prozeßordnung beschränkt nach §. 266 Nr. 1. die Nichtigkeitsbeschwerde auf die Verletzung unbestrittener Rechtssätze (jus in thesi), während die braunschweigische in §. 130 sich wieder dem französischen Rechte angeschlossen hat.

Eine schwierige Frage ist es, in wie fern der oberste Gerichtshof, falls die Nichtigkeitsbeschwerde für begründet erachtet wird, selbst anderweit definitiv in der Sache zu erkennen, oder dieselbe in die unteren Instanzen zur Entscheidung und resp. Ausmittelung zurück zu weisen hat.

(cfr. §. 17. der Verordnung vom 14. Dezember 1833, §. 11. der Declaration vom 6. April 1839 und Nr. 35 — 39 der Instruction vom 7. April 1839.)

Die Frage hängt aber in ihrer tieferen Würdigung mit ihrer eigentlichen Quelle, dem französischen Cassationshofe selbst und dessen Verfassung näher zusammen.

Zuvörderst ist der französische Cassationshof weit entfernt, eine neue Revolutionsschöpfung zu sein, sondern aus Ansichten und Einrichtungen der früheren Jurisprudenz in durchaus historischer Fortbildung erwachsen.

In seinem Ursprunge war er vielmehr ein königliches Institut, darauf berechnet, der steigenden Macht der Parlamente, gegen deren Aussprüche grundsätzlich kein weiterer Rechtszug gelten sollte, entgegen zu wirken. Erst nach langen Streitigkeiten wurde durch die ordonnance de Blois von 1579 das Rechtsmittell der Cassation anerkannt, welches an das conseil du roi ging, das in den wichtigsten Angelegenheiten mit dem Könige berieth, und wovon eine Section, als conseil privé, auch in Rechtsangelegenheiten eine doppelte Gewalt ausübte, theils endlich über Competenzconflikte der Parlamente zu entscheiden, theils Urtheile der Parlamente zu cassiren, ohne jedoch in der Sache selbst zu sprechen.

Eine königliche Ordonnanz vom 28. Juni 1738 ordnete das Verfahren, die noch heute als Prozeß-Ordnung gilt.

Durch Decrete der National-Versammlung trat der jetzige Cassationshof an die Stelle des ehemaligen conseil privé, und unterscheidet sich von diesem im Wesentlichen blos durch seine Form und Selbstständigkeit.

Und wie oft auch in Frankreich seitdem die Staatsverfassung gewechselt hat, der Cassationshof ist unverändert derselbe geblieben!

Der französische Cassationshof hat die Bestimmung: die in letzter Instanz gesprochenen rechtskräftigen Erkenntnisse anderer Gerichte zu cassiren, und ohne in der Hauptsache (sur le fond) selbst zu erkennen, diese an ein anderes Gericht derselben Gattung zur anderweiten freien Entscheidung zu verweisen.

Macht dieses die immer vollständig zu entwickelnden Gründe des Cassationshofes zu den seinigen und erkennt im Sinne desselben, so bleibt es dabei, und die zweifelhafte Rechtsfrage ist nun auch für jeden anderen gleichen Fall als entschieden zu betrachten. Entscheidet aber das zweite Gericht gleich dem ersten, so kann die Sache durch ein abermaliges Cassationsgesuch (sur les mêmes moyens) an den Cassationshof zurück gelangen, wo dessen Plenar-Versammlung zu urtheilen hat. Wird wieder auf Cassation erkannt, so wird ein Appellationshof zur dritten Entscheidung in pleno berufen. Fällt auch dessen Spruch gegen die Ansicht des Cassationshofes aus, so bleibt diese dritte Entscheidung zwar für den vorliegenden Fall maßgebend, allein die erforderliche Abhülfe kann nun nur im Wege der Gesetzgebung erfolgen.

(cfr. das Gesetz vom 30. Juli 1828.)

Die wahrhaft hohe, dem erhabenen Institute des Cassationshofes zum Grunde liegende Idee ist hiernach lediglich die: Aufrechthaltung der Gesetze gegen Verletzungen durch richterliche Erkenntnisse, welche im gewöhnlichen Instanzenzuge durch ordentliche Rechtsmittel nicht mehr angefochten werden können; und vor allen Beförderung der Einheit und Gleichförmigkeit in der Auslegung und Anwendung der Gesetze.

Der Cassationshof bildet hiernach keine Instanz, weil er in der Sache selbst nicht entscheidet, er ist vielmehr ein zwischen den Gerichten und der Gesetzgebung stehendes unabhängige Mittelglied, welches als ein der aufsehenden Gewalt entspringendes Organ die reine Handhabung der Gesetze im Staatsinteresse überwacht.

Cassation nachsuchen, kann daher vor allen die verletzte Partei, sonst aber auch die Staatsbehörde (dans l'intérêt de la loi), was jedoch folgerecht auf das verletzte Privat-Interesse ohne Einfluß ist.

Durch das Gesetz vom 1. April 1837 hat nun aber die Verfassung des Cassationshofes eine sehr wesentliche Veränderung erlitten.

Nach demselben soll das vom Cassationshofe in pleno erlassene zweite cassatorische Urtheil für das Tribunal du renvoi bezüglich des Rechtspunktes, worüber der Cassationshof sich ausgesprochen, bindend sein.

Hierdurch wird der Cassationshof beziehungsweise in eine letzte Richterinstanz verwandelt, welche sich jedoch nicht mit Beurtheilung der factischen Momente der vorliegenden Rechtsfälle, sondern nur mit der Gesetzauslegung beschäftigen soll.

(cfr. Tarbé, Cour de cassation. Paris 1840.)

Anscheinend ging aus derselben Idee, welche dem französischen Cassationshofe zum Grunde liegt, zur Zeit unserer Justizreform die Gesetzcommission hervor, worüber §. 46 und folgende der Einleitung zum Landrechte und §. 32 und folgende Tit. 13 p. 1 der Allgemeinen Gerichtsordnung das Nähere enthalten. Aber schon die Cabinets-Ordre vom 8. März 1798 machte diesen unpraktischen Anfragen der Gerichte bei der Gesetzcommission im Laufe des Prozesses ein Ende.

Und schon der geistreiche Freund v. Feuerbachs und v. Grolmans, der scharfsinnige v. Almendingen, trug sich in seiner

„Metaphysik des Civilprozesses, Gießen 1808," mit der Idee eines Cassationshofes, wenn er Seite 323 bemerkt: „Besser aber wird der Staat für die Sicherheit der Bürger sorgen, wenn er auf diesen Fall ein eigenes Organ der Oberaufsicht, ein Cassations-Tribunal, im Voraus anordnet."

Auch der berühmte Prozessualist v. Gönner in seiner Schrift: „Ueber die Nothwendigkeit eines beständigen Collegiums für die Gesetzgebung" aus dem Jahre 1809 wollte ein jener zu Grabe getragenen Gesetzcommission ähnliches Institut, wenn er bemerkt: „Der Gesetzgebungsrath hat den Beruf, das Gesetzgebungswesen im Ganzen zu beurtheilen, ihm wohnt der Geist der Gesetze ein, seinen Gesichtspunkt stört nicht die den Gerichten eigene Richtung für das einzelne Interesse der Parteien. Er allein ist competenter Richter für das Interesse des Gesetzes rc.

In Beziehung auf den französischen Cassationshof tadelte er jedoch, daß, wenn der Cassationsgrund in der materiellen Gesetzwidrigkeit des Urtheils liege, derselbe nicht zugleich au fond erkennen solle

Die Frage über den Werth des Cassationshofes in seiner ursprünglichen und in seiner durch das Gesetz von 1837 veränderten Gestalt gehört gewiß zu den allerschwierigsten, und ist daher sowohl in Frankreich, als auch in Deutschland, von jeher sehr verschieden beurtheilt worden, indem dabei alles auf den Standpunk ankommt, von welchem man ausgeht.

Theoretisch ist gewiß die ursprüngliche Idee die richtige; ob aber auch praktisch, das ist eine schwer zu lösende Frage. Angenommen, daß der Cassationshof aus den allertüchtigsten und würdigsten Mitgliedern des gesammten Richterstandes zusammengesetzt, also ganz geeignet ist, den Höhenpunkt desselben in Wissenschaft, Geist und Charakter zu repräsentiren, so darf man um so mehr annehmen, daß auch seine Aussprüche möglichst objective Gültigkeit haben, durch die innere überzeugende und siegende Kraft ihrer Gründe sich auch Geltung verschaffen und entgegengesetzte Urtheile der Gerichte, an welche die Sachen zurück verwiesen, zu den Seltenheiten gehören werden. Denn dem Vortrefflichen gegenüber giebt es keine andere wahre Freiheit, als ehrende Anerkennung!

Daher sagt denn auch der wackere Verfasser der Casuistik und des Rechtsweges Seite 130: „Der Cassationshof ist allerdings cour regulatrice, entweder mittelbar, oder unmittelbar, entweder durch seine Intervention bei der gesetzgebenden Macht, oder durch das Licht der Doctrin. Und für die dauernde Wirksamkeit seiner Acte ist durch deren gesetzlich vorgeschriebene öffentliche Bekanntmachung gesorgt.“

Und insbesondere S. 131: „Würde es sich blos um Gleichförmigkeit der Sentenzen handeln, dann wäre freilich durch einen Revisionshof, an welchen jede Rechtsfrage als zur letzten Instanz gebracht werden könnte, der Zweck nicht nur auf eine für die Parteien minder beschwerliche, sondern auch vollständige Weise erreicht. Allein nicht bloß darum ist es zu thun, daß gleichförmig, sondern auch, daß im wahren Sinne des Gesetzes, und nur nach dem Gesetze, nicht nach der Meinung entschieden, und daß der souverainen Macht des Staates das Uebergewicht über jedes Gericht nicht entwunden werde. Ein Gerichtshof, welcher ohne die Möglichkeit eines Recurses über alle Sachen und über alle Gerichte seine entscheidende Autorität erstreckt, ist der Versuchung zu leicht ausgesetzt, seinen Willen dem des Gesetzes und des Souverains unterzuschieben.

Und ganz übereinstimmend damit bemerkt auch der eben so hoch begabte, als charaktervolle Gesetzrevisor, Geheimerath Reinhardt Seite 38 l. c.:

„Es bleibt nach dem Obigen noch eine zweite Forderung, welche an die Rechtspflege zu machen ist, und so gewiß an dieselbe gemacht werden muß, als der Staat ein Rechtszustand sein soll — die nämlich, gegen jeden erweislichen Fehlgriff jedes Richters der dadurch verletzten Partei ein Rechtsmittel zu gewähren. Denn auch das höchste Gericht kann nicht für unfehlbar geachtet werden, und eben so wenig darf der Staat in irgend einem Falle eine Verletzung seiner Gesetze sanktioniren. Nur dadurch ist meines Erachtens diese Aufgabe zu lösen, daß das höchste Gericht, indem es ein Urtheil als gesetzwidrig annullirt, nicht zugleich in der Sache selbst spricht, daß demselben zwar die Gewalt ertheilt wird, Rechtsverletzungen aufzuheben, nicht aber selbst dergleichen zu begehen; mit einem Worte, durch einen Cassationshof! Dieses Institut bahnt zugleich den Weg zur Verbesserung der Gesetze, da wo es derselben in Wahrheit bedarf; und in ihm ist daher der Uebergang und die nothwendige Verknüpfung zwischen dem Richteramte und der Gesetzgebung gefunden.

Daß übrigens an einen solchen Cassationshof überhaupt nur in einem größeren Staate, wie z. B. in Preußen, gedacht werden kann, ist selbstredend. — Für die zu erstrebende deutsche Rechtseinheit aber ist derselbe nur noch um so mehr ein unumgängliches Bedürfniß. Und auch schon Geib in seiner oben angeführten Reform des deutschen Rechtslebens Seite 200 sprach sich entschieden für den französischen Cassationshof, und zwar ohne die Beschränkung des Gesetzes von 1837, dahin aus: daß gerade ein derartiges Institut am geeignetsten sei, um aus dem Widerstreite zwischen den Ansichten des Cassationshofes und denen der übrigen Gerichte die Mangelhaftigkeit der Gesetzgebung und eben damit das Bedürfniß einer desfallsigen Nachhülfe auf dem Wege der Legislation darzuthun. —

Soll indeß aus überwiegenden Nützlichkeitsgründen das reine Prinzip verlassen werden, so bieten sich, wie auch Leue, der rühmlich bekannte Verfasser des deutschen Schöffengerichts rc., in seinen vorangeführten Ideen S. 130 ganz richtig bemerkt, zur Lösung der Frage zwei Wege dar:

> entweder entscheidet der Cassationshof materiell; oder der letzte erkennende Richter wird verpflichtet, die Ansicht des Hofes zu befolgen.

Im letzteren Falle wird, wie auch bei dem Gesetze vom 1. April 1837, formell der Grundsatz strenge festgehalten, daß der Cassationshof niemals in der Sache selbst erkennen dürfe, was aber wieder den mittelbaren Zwang gegen die anderen Richter zur Folge hat, der jedoch wegfällt, wenn der Cassationshof selbst entscheidet. —

Dem anderen Systeme hatte auch der vorgedachte ursprüngliche Gesetzentwurf in §. 19 sich angeschlossen, was in Beziehung auf die Verbindlichkeit der Gerichte, den festgestellten Rechtsgrundsätzen des Obertribunals zu folgen, schon die Bestimmung in § 11 der Declaration vom 6. April 1839 und § 3 des Gesetzes vom 20. März 1854 für sich hat. —

Dagegen war auch schon die Immediat-Justiz-Commission für die andere Alternative, indem es in ihrem Gutachten heißt:

„Durch diese Stellung des Revisionshofes und seine Beschränkung auf den Rechtspunkt würden zugleich alle die Vortheile erreicht, welche der Cassationshof in der französischen Rechtsverfassung bezwecke, ohne damit die Nachtheile zu verbinden, welche das bloße Cassiren und Hinweisen an andere Gerichte, als welche früherhin erkannt hätten, für die Parteien mit sich führen. —

Unerwähnt darf jedoch nicht bleiben, mit welcher Entschiedenheit einer der größten deutschen Juristen, der auch von mir persönlich gekannte und hochverehrte Feuerbach, in seinem berühmten Werke sich gegen den Cassationshof ausgesprochen hat, indem er im zweiten Bande S 119 seine Abhandlung darüber mit den Worten schließt:

„Wenn wir arme Deutsche den Franzosen ihren Cassationshof mit der blos — zweifachen Instanzenordnung abnehmen wollten, sehr gern überließen sie uns die ganze Herrlichkeit gegen unsere dreifache Instanzenordnung. Durch diesen Tausch würden sie um Vieles reicher, wir aber um den besten Theil unseres Vermögens ärmer!"

Zu berücksichtigen ist aber dabei, daß Feuerbach überhaupt erst kurz nach den Freiheitskriegen und noch unter dem frischen Eindrucke des an sich nur zu begründeten Nationalhasses beobachtete, dachte und schrieb, und daß es wenigstens ungewiß ist, ob derselbe auch noch heute, nach reiferer Erfahrung, fortgesetzter Prüfung und einer mehr objectiven Abklärung der Dinge, seinen früheren Ansichten treu bleiben würde.

Aber auch seine ganze so abholde Würdigung des Geschwornengerichts ist nicht unangefochten geblieben.

Dieselbe ist namentlich nicht allein von der Immediat-Justiz-Commission in ihrem Gutachten S. 53 und folgende wissenschaftlich und gründlich, sondern auch durch das praktische Leben selbst vollständig widerlegt. Und schon der große deutsche Mann, Justus

Möser, führte in seinen praktischen Phantasien näher aus, warum Gelehrte keine Criminal-Urtheile fällen sollen. Theil I. S. 338 u. f.

Insbesondere aber ist dem tiefen Rechtskenner etwas Menschliches begegnet, wenn er S. 476 l. c.: „Wahnsprüche für Wahrsprüche" anführt, wie sie in Frankreich so häufig vorkommen, und dergleichen wir auch so manche von deutschen Geschworenen, wie z. B. in dem Hamacher-Fonkischen Prozesse, gehört haben.

Er mußte ja selbst am besten wissen, daß er über diesen verwickelten Criminalfall, da er den mündlichen Verhandlungen von Anfang bis zu Ende nicht beigewohnt hatte, gar nicht urtheilen konnte, daß aber auch sogar in diesem Falle aus seiner eigenen verschiedenen Meinung noch lange nicht die Unrichtigkeit des Wahrspruches der Geschworenen folgen würde!

Und wer noch heute die meisterhafte acteumäßige Darstellung dieses berühmten Criminalfalles aus von Meusebach's Feder in dem Berichte des Revisions- und Cassationshofes vom 22. Januar 1823 studirt, der wird nicht umhin können, seiner Meinung beizustimmen: daß sich nirgend behaupten lasse, daß die Geschworenen in ihrer Schuldigerklärung sich geirrt hätten! (cfr. Hitzig's Annalen Band 15, S. 1—156.*)

---

*) Es war im Sommer 1828, als ich Peter Anton Fonk, der schon durch sein unglückliches Verhängniß mich interessirte, im Bade zu Carlsbad in einem längeren geselligen Verkehr persönlich kennen lernte.

Psychologisch ging für mich aus diesem Verhältnisse der Gesammteindruck eines tiefen Seelenleidens dieses Mannes hervor!

Bald nachher, bei einem Besuche v. Feuerbach's in Ansbach, zeigte mir derselbe in den weiten Räumen seiner großen Bibliothek, die zugleich die Werkstätte seines edlen Geistes war, ein ganzes Fach, welches die vollständige, reiche Literatur dieses berühmten Prozesses enthielt.

Der Ideenaustausch darüber mit dem großen Criminalisten wurde belebt und gesteigert durch meine kurz zuvor gemachte nähere persönliche Bekanntschaft mit Fonk, die Feuerbach ganz abging.

Seine näher erörterte rechtliche Meinung von der Unschuld des Verurtheilten konnte ich mir jedoch nicht aneignen.

Ein amtlicher Zwischenfall hatte den Präsidenten v. Feuerbach abgehalten, seine gewichtige Stimme öffentlich für den Angeklagten zu erheben, wie oft er

Am Schlusse seiner obigen Abhandlung hat Feuerbach sich jedoch noch veranlaßt gesehen, dem ersten Napoleon sowohl, als auch dem Cassationshofe, ein großes Lob zu spenden, wenn er bemerkt:

„Die ausgezeichnete Persönlichkeit so vieler durch Wissenschaft, Geist und Charakter ausgezeichneter Männer, welche in diesem Gerichtshofe stimmen, die Gründlichkeit seiner lehrreichen arrêts, erhalten ihn, ungeachtet dessen, was die Erfahrung über diese Institution im Allgemeinen gelehrt hat und täglich lehrt, noch immer auf einer hohen Stufe öffentlicher Achtung.

Buonaparte, welcher für seine Herrschaft die Meinung zu gewinnen suchte, als sei ihm die Gerechtigkeit das Erste und Heiligste, wußte vor allem andern den Cassationshof, gleichsam als das Allerheiligste der französischen Justiz, äußerlich und innerlich auf das glanzvollste und ehrwürdigste auszustatten.

Von seltenen Ausnahmen abgesehen, waren dessen Stellen nur dem ausgezeichneten Verdienste vorbehalten.

Seit einigen Jahren will man indessen Gelegenheit zu der Bemerkung gehabt haben, daß auch diese Plätze nunmehr häufig bloß als Vergeltung für Dienste gegeben werden, die mit der Gerechtigkeit und der Rechtswissenschaft nichts gemein haben; seitdem aber beginnt auch dieser Grund seines Ansehns zu wanken.

Gewiß war es ein Ausfluß der tiefen Staatsweisheit des sonstigen Gewaltherrschers, wenn er die Heilighaltung der Gerechtigkeitspflege zu seinem obersten politischen Dogma erhob.

---

auch von Fonkscher Seite, namentlich durch dessen Vertheidiger Aldenhoven, dadurch angegangen war.

Es hatte nämlich ein Ansbacher Strafgefangener sich selbst angeklagt, der Mörder Cönen's zu sein, was sich jedoch durch die Untersuchung als ganz unwahr erwies.

Das Einzige, wozu sich Feuerbach unter diesen Umständen verstanden hatte, war: daß er in einem Briefe an seinen Freund, den verstorbenen Criminal-Direktor Dr Hitzig in Berlin, seine Ansicht näher motivirte, was, wie Feuerbach bemerkte, durch Mittheilung desselben an eine hohe Person auf den bekannten Ausgang der Sache nicht ohne Einfluß geblieben sei.

Cönen und auch Fonk schlafen nun schon lange. — Aber ein anderer Thäter ist auch nicht erfunden!

Denn nach dem Zeugnisse der Weltgeschichte ist und bleibt es, zufolge der ewigen moralischen Weltordnung, doch in letzter Instanz vor allen die Gerechtigkeit, welche wie ein Fels im Meere die Staaten und Throne gegen alle Wogen der Zeit, der Parteiung und ihre Wechselfälle sicher stellt und erhält!

„Justitia regnorum fundamentum!"

Und auch Kant's philosophischer Entwurf: „Zum ewigen Frieden" im fünften Bande der Leipziger Ausgabe seiner Werke S. 411 und folgende, wonach auch die Politik und ihr Satz: „Seid klug wie die Schlangen," — mit der Moral und ihrem einschränkenden Satze: „und ohne Falsch wie die Tauben," — sich immer mehr vermählen soll, ist kein leerer Wahn, erzeugt im Gehirne der Thoren!

Keines Commentars und Beweises aber bedarf der Ausspruch dieses Weltweisen:

„Das Recht der Menschen muß heilig gehalten werden, der herrschenden Gewalt mag es auch noch so große Aufopferung kosten!

Man kann hier nicht halbiren, und das Mittelding eines pragmatisch bedingten Rechts (zwischen Recht und Nutzen) aussinnen, sondern alle Politik muß ihre Kniee vor dem erstern beugen, kann aber dafür hoffen, obzwar langsam, zu der Stufe zu gelangen, wo sie beharrlich glänzen wird!"

Wenn ich, als integrirender Theil der neuen Prozeßordnung, mit Ausnahme des Bagatell-Prozesses, auch einen allgemeinen Anwaltszwang, verbunden mit unentgeldlicher Vertretung armer Parteien aufgestellt habe, so bemerke ich darüber nur noch folgendes.

Ueber das Prinzip läßt sich kaum noch streiten!

Dasselbe ist, da die Grundlage unserer Gerichtsordnung aufgegeben, gleichsam eine Consequenz des neuen Systems, und sowohl durch das öffentliche, wie durch das Privatinteresse geboten.

Eine rechtsunkundige, ihre Prozeßsache selbst vertretende Partei ist eine wahre persona miserabilis und bildet besonders einem Rechtsanwalte gegenüber nur eine Art von Löwengesellschaft.

Es steht gar kein innerer Grund entgegen, weshalb der intelligente und ehrenwerthe Stand unserer Rechtsanwalte, welche ja ebenfalls und in Wechselwirkung mit den Gerichten den edlen Beruf habem, Wahrheit und Recht zur Geltung zu bringen, sich nicht zu der hohen Stellung und Bedeutung erheben sollte, die er in außerdeutschen Ländern, namentlich in England und Frankreich, einnimmt.

Er ist dazu bereits auf dem besten Wege, und durch das hebende und belebende Prinzip der Ehre das vermittelnde Institut des Ehrenrathes, ein mächtiger Hebel für seine zeitgemäße Fortentwickelung und Gestaltung.

Die Trennung oder Vereinigung der Advokatur und Procuratur, sowie die Freigebung beider, sind Fragen, welche einer näheren Erörterung bedürfen. Letztere hängt schon mit der Gewerbefreiheit überhaupt zusammen, welcher aber, nach dem inneren, überall rascher fortschreitenden Entwickelungsgange der Dinge, auch in Preußen ihr Auferstehungsfest in naher Zukunft gar nicht fehlen kann!

Und was endlich noch die verlangte Ausscheidung aller administrativen Elemente von dem Rechtsgebiete anbetrifft, so geht auch hier wieder Frankreich mit einem durchaus practischen Beispiele voran.

Es beruhet dies aber auch lediglich auf dem ganz natürlichen Principe der Theilung der Arbeit, nach der durchgreifenden Regel: „non omnia possumus omnes!“

Der preußische Richter sollte, was kein Mensch leisten kann, Alles in Allem sein: ein juridischer Halbgott, oder doch eine Art von Mikrokosmos!

Was insbesondere unser Hypotheken- und Vormundschaftswesen angeht, so ist alle Welt längst darüber einig, daß beide der zeitgemäßen Verjüngung bedürfen.

Das wohlverdiente Lob unserer Hypothekenordnung ist aber gebührend gepriesen. Ihr Princip der Oeffentlichkeit und Besonderheit bleibt unantastbar, viel weniger aber das jedenfalls unpractische der Gesetzlichkeit. Auch ihre auf größere und beharrliche Gütercomplexe berechnete Anlage entspricht nicht mehr den wechselvollen Verkehrsverhältnissen und Güterzersplitterungen der Gegenwart. Und ebenso will es, bei Lichte besehen, auch nicht recht passen, daß der Richter den Interessenten, die dies selbst viel besser wissen und besorgen, ihre *hypothekarischen Recepte* abfasse und sich dabei die Finger verbrennen 2c. 2c.

Kurz, Novellen reichen hier nicht aus, eine neue organische Hypothekenordnung thut Noth, und in wie weit man sich dabei an das französische System anschließen möge, bleibt eine reine Zweckmäßigkeitsfrage.

Anlangend das preußische Vormundschaftsrecht, so übertrifft dasselbe zwar das französische durch größere Sicherstellung des Vermögens der Pflegebefohlenen; allein auf der andern Seite ist es insofern wieder zu gebunden, als die Stellung des Vormundes in der Machtvollkommenheit des vormundschaftlichen Gerichts verschwindet, und dieses selbst wieder unter dem Gerichte seiner Regreßverbindlichkeit die freie Bewegung und die Unbefangenheit seiner Ansichten und Beschlüsse verliert, was seiner Wirksamkeit einen negativen Charakter verleihet.

Das Institut des französischen *Familienraths* wird daher als ein entschiedener Vorzug anerkannt, und eine gründliche Verbesserung in *der* Richtung erstrebt, daß der Staat die an sich gezogenen Rechte der Vormundschaft der *Familie* zurückgiebt, wenigstens einen wesentlichen Einfluß dieser dabei einräumt, die selbst am besten wissen muß und es auch weiß, was ihren Angehörigen in der That zum Nutzen und Frommen gereicht.

Und auch schon die Immediat-Justiz-Commission war für die Beibehaltung des Instituts des Familienrathes.

Faßt man nun nach allen diesen sachlichen Erörterungen auch noch den höheren Gesichtspunkt näher in's Auge, wie es vor allen darauf ankommt, daß die neue Prozeßordnung nicht blos eine preußische, sondern vielmehr eine *allgemeine deutsche* werde: so ergeben sich folgende Betrachtungen:

Ueber den zur Erreichung dieses eben so großen als wünschenswerthen Zweckes einzuschlagenden Weg kann man nach dem erfolgreichen Vorgange der allgemeinen deutschen Wechselordnung und des Handelsgesetzbuchs kaum noch zweifelhaft sein.

Gleich wie in jenen Fällen, dürfte es also auch jetzt zunächst

Lage befände, den Entwurf einer Prozeßordnung vorzulegen, welcher, auf der Höhe der gegenwärtigen Lage der Dinge, und unter fleißiger Benutzung und organischer Verarbeitung des bereits gewonnenen reichen Gesammt-Materials, geeignet wäre und würdig befunden würde, dem großen Vereinigungswerke abermals zur Grundlage zu dienen. —

Und daß dabei vor allen das Bestreben vorherrschen müßte, nicht allein ein den streng wissenschaftlichen und praktischen Anforderungen genügendes, möglichst objectives Werk herzustellen, sondern auch zugleich den billigen Wünschen und Anforderungen der übrigen deutschen Bruderstaaten dabei die möglichste Berücksichtigung angedeihen zu lassen, ist selbstredend.

Denn das Interesse aller, wie jedes einzelnen, findet ja nur in der möglichst vollkommenen Verwirklichung des gemeinsamen Zweckes die wahre Befriedigung.

Fasse ich nun hiernach schließlich die Grundelemente der neuen Prozeßordnung noch einmal kurz zusammen, so wären sie folgende:

1) durch die schriftliche Klage und Klage-Beantwortung, resp. Replik und Duplik, unter gleichzeitiger Angabe der Beweismittel, wird, auf Grund der Eventualmaxime, das Thatsächliche unabänderlich festgestellt;

2) das Referat bildet die Grundlage der mündlichen Verhandlung, welche den Zweck hat, den schriftlich festgestellten Inhalt auch von Seiten der Anwälte zu wiederholen und rechtlich zu begründen;

3) Beweisinterlocute sind nicht appellabel, binden auch den Richter nicht;

4) als ordentliches Rechtsmittel zweiter Instanz gilt nur die Appellation. Das sogen. beneficium novorum, d. h. die vollständige Anführung neuer Thatsachen und Beweismittel, findet nur in der Unabänderlichkeit des Klagegrundes ihre Beschränkung;

5) die Nichtigkeitsbeschwerde, als das alleinige außerordentliche Rechtsmittel höchster Instanz, hat es, ohne in die factischen Prämissen derselben einzugehen, nur mit der Prüfung der Gesetzmäßigkeit der beschwerenden Urtheile, resp. deren Vernichtung und Verweisung der Sache in die Instanz zu thun. —

Hierin, sollte ich meinen, wäre Alles enthalten und vereiniget, resp. ergründet und erschöpft, und überhaupt allen Ansprüchen genügt, welche an die Rechtspflege und ihren Zweck, sicheres, gründliches und schleuniges Recht herzustellen, menschlicher- und billigerweise nur gemacht werden können! —

Das Eventualprincip giebt dem ganzen Verfahren die durchaus nothwendige, feste und sichere Grundlage, und beseitigt alle aus der entgesetzten durchaus vagen und unpractischen Instructionsmaxime für Richter und Parteien fließenden vielfachen Uebelstände. Auch wird die Strenge desselben genügend gemildert, ja aufgehoben, durch die unbeschränkte Zulassung neuer Thatsachen und Beweise in zweiter Instanz, welche nur, als unerläßlich, den Klagegrund nicht aufheben dürfen. —

Das sogen. Referat, weit entfernt, verwerflich zu sein, ist vielmehr sehr wesentlich, ja nothwendig, wenn die mündliche Verhandlung nicht zu einem regellosen Tummelplatze herabsinken soll. Es ist dasselbe der Instruction nicht hinderlich, sondern förderlich, und am allerwenigsten ist es ungerecht, weil es ja gar nicht ausschließt, daß der Richter nicht auch aus dem Munde der Parteien und Anwälte die Lage der Sache noch einmal wahrnehmen, obgleich dies, wenn sie nichts zu ergänzen oder zu berichtigen haben, überflüssig erscheinen kann. —

Vor Allem erregt die Nichtappellabilität und Ungebundenheit des Beweisresoluts, dieses wahrhaften Kleinodes unseres Beweisverfahrens, bei den gemeinrechtlichen Juristen Anstoß, und dies vorzüglich deshalb, weil sie die zweckmäßige Ausführbarkeit desselben sich nicht zu denken vermögen. —

Namentlich ein wackerer Mann und ausgezeichneter sächsischer Jurist, der Finanzprocurator Beschorner in Dresden, spricht sich in Nr. 4. der diesjährigen Gerichtszeitung in einem Aufsatze über die Appellabilität des Beweisinterlocuts in diesem Sinne aus. —

Erfüllt von dem Bedürfniß der Abhülfe der großen Uebelstände dieses Beweisinterlocuts auch für Sachsen, und gleichzeitig das ebenfalls ganz Ungenügende und Unpractische der vorbehaltenen Appellation in der hannoverischen Prozeßordnung trefflich würdigend, gelangt er zu dem Resultate:

Daß man sich doch für das preußische System, vielleicht mit einigen durch die Praxis gebotenen Verbesserungen, zu erklären haben würde. —

Daß aber auch unser Beweissystem die nachtheiligen Folgen, welche seines Erachtens nach der Theorie daraus entstehen müssen, nämlich Wiederbeginn eines neuen Prozesses, wenn der Beweis geführt und definitiv entschieden werden soll, in der That nicht nach sich zieht; darüber giebt es ein ganz einfaches und untrügliches Auskunftsmittel: die Einsicht dazu geeigneter preußischer Gerichtsacten!

Die Stellung Preußens zu der großen Frage kann aber, nach der ganzen Verfassung und den Grundlagen unseres eigenen Civilverfahrens, wie auch schon nach dem Vorgange anderer deutscher Staaten, namentlich Hannovers, Braunschweigs und Oldenburgs, und da dasselbe hinter Deutschland, welchem es schon längst hätte vorangehen sollen, am wenigsten zurückbleiben darf, offenbar keine andere sein, als die des vernünftigen, zeitgemäßen Fortschrittes! —

Gleich wie Deutschland bereits eine allgemeine Wechselordnung, und nun auch ein Handelsgesetzbuch besitzt, so wird es auch bald einer allgemeinen Prozeßordnung sich ganz gewiß zu erfreuen haben. —

Und noch mehr als dies: auch die große politische und staatliche Einheit und Einigkeit des gesammten Deutschlands wird, jedenfalls auch auf dem zwar langsameren, aber desto sichereren Wege der inneren Fortentwickelung der Dinge, die aber auch nach dem Gesetze der Schwere sich beflügelt, immer mehr an wahrer Lebenskraft, an Körper und Gestalt gewinnen. —

Dafür spricht das Zeugniß der Weltgeschichte: daß wahrhaft große, gesunde und practische Ideen, welche das gemeinsame Leben und Interesse der Völker bewegen, auch ungeachtet aller äußeren Hindernisse, sich zuletzt doch siegreich Bahn brechen. —

Leider muß es aber immer erst Abend werden, bis der Vogel der Minerva seinen Flug beginnt!

Doch der Abend kommt, und mit ihm auch der Vogelflug!

Denn: „Nach ewigen, ehernen großen Gesetzen müssen wir Alle unseres Daseins Kreise vollenden!“

Möge das vor allen in der wahren Verwerthung seiner unvergleichlich reichen geistigen Domänen so machtvollkommene Preußen, auch bei diesem größten deutschen Werke, seiner angestammten und auch historisch bewährten Mission: der Hegemonie der Intelligenz, vor wie nach treu bleiben und dasselbe bald zum glorreichen Ziele führen! —

Es ist eine Aufgabe, vor allen des Schweißes der Edlen werth! Wie das ganze Pflanzenreich sich dem belebenden und nährenden Sonnenlichte zuwendet, so ist und bleibt auch die zuversichtliche Hoffnung und Erwartung der besten und edelsten deutschen Geister und Charactere auf Preußen gerichtet! —

Und so schließe ich diese Blätter mit den classischen Worten des großen deutschen Dichters, dieses oft gescholtenen „modernen Heiden“, der aber im tiefsten Grunde seiner großen Natur viel humaner und religiöser war, als mancher moderner Zelot reinsten Wasser:

„Was zu wünschen ist, ihr unten fühlt es;
Was zu geben sei, die wissen's droben.
Groß beginnet ihr Titanen; aber leiten
Zu dem ewig Guten, ewig Schönen,
Ist der Götter Werk; die laßt gewähren!“

Göthe in seiner Pandora.

Möge denn das unter günstigen Auspizien begonnene große Gesetzgebungs-Werk auch in seinem Fortgange gedeihen und in seiner Vollendung dem gesammten deutschen Vaterlande zum Heile und Segen gereichen!

Druck von J. C. Huber in Charlottenburg.

Kolibri 360 GmbH
Ferdinand-Jühlke-Straße 7
99095 Erfurt, Deutschland
produktsicherheit@kolibri360.de